COUP-D'OEIL IMPARTIAL

SUR L'ÉTAT PRÉSENT

DE L'ÉGYPTE.

COUP-D'OEIL IMPARTIAL

SUR L'ÉTAT PRÉSENT

DE L'ÉGYPTE,

COMPARÉ

A SA SITUATION ANTÉRIEURE.

Vires acquirit eundo.

PARIS,

IMPRIMERIE DE BÉTHUNE ET PLON,

RUE DE VAUGIRARD, 36.

—

1836.

COUP-D'OEIL

IMPARTIAL

SUR L'ÉTAT DE L'ÉGYPTE.

Maintenant que l'Europe a les yeux tournés vers l'Orient, et la France, en particulier, vers l'Égypte, chacun cherche à prévoir l'avenir de cette intéressante contrée. Malheureusement on ne peut guère voir qu'à travers d'épais nuages, qu'obscurcit encore la politique même de l'Europe. Peut-être sans son intervention, sans son influence inopportune et presque tracassière, ces ténèbres seraient dès long-temps dissipées, et les destinées de l'Égypte fixées. Une question d'émancipation nominale, très-simple, surtout après l'exemple d'un continent tout entier, est devenue compliquée et difficile à force d'intrigues diplomatiques. Toutefois, de même que le géomètre, en déterminant plusieurs points d'une courbe, parvient à calculer sa loi et sa direction, de même on peut essayer de reconnaître la progression future d'un état en établissant le point de départ du pays et quelques-uns des points de sa marche. C'est dans cette vue que je vais faire une comparaison rapide de l'état de l'Égypte, lors de l'expédition de l'armée française, et à deux autres époques successives, savoir : en 1821 et en 1833. Je passerai en revue l'état financier, agricole, industriel et administratif ; les voies de communication, l'état naval et militaire, la population, enfin l'instruction publique, en m'appuyant sur des documens officiels ou authentiques. Puisque l'Égypte commence à respirer, le moment est opportun pour examiner sa situation présente et considérer ses progrès avec impartialité.

SITUATION COMPARÉE DE L'ÉGYPTE AU TEMPS DE L'EXPÉDITION FRANÇAISE, ET DEPUIS.

§ Ier. — *Finances, revenu.*

Il résulte du compte rendu de l'administration des finances par M. Estève, pour l'an 1213 de l'hégire (1799), que le revenu de l'Égypte s'est élevé à 35 millions 502 mille 851 livres tournois (1), savoir :

Le myri ou contribution foncière, en argent, ou en nature.	22,543,399 l.
Enregistrement.	2,005,306
Domaines nationaux.	496,297
Douanes.	1,685,838
Droits affermés.	3,256,750
Impôt payé par les cheykhs-el-beled, ou chefs de village.	2,280,357
Corporations.	533,794
A reporter.	32,801,741

(1) Ce calcul est fait d'après la valeur de la bourse. La bourse est de 500 piastres, et la piastre est de 40 médins ; le médin valait alors 0 fr., 035 7142 : donc la bourse, 714 l. 28.

Report.	32,801,741 l.
Monnaie.	2,684,939
Contrôle des matières d'or et d'ar-	
gent.	16,171
	35,502,851 l.

Celui qui voudra parfaitement connaître le mode d'imposition et le système administratif à l'arrivée de l'armée française, lira avec fruit le mémoire de Lancret, inséré au tome Ier de la *Description de l'Égypte*, état moderne (édition originale in - fol.), et au tom. XI de la *Description de l'Égypte* (édition in-8°.)

Tel était l'état des choses à la fin de l'expédition ; voyons le changement qui s'est opéré dans les vingt années qui ont suivi.

Pendant le cours de l'année 1822, le revenu de l'Égypte, tel qu'il a été constaté d'après l'utile ouvrage de M. Félix Mengin, qui a puisé aux sources officielles, se composait ainsi, savoir :

Le myri.	26,461,652 fr.
Le petit khazneh ou trésor, c'est-à-	
dire le bénéfice sur diverses den-	
rées, tel que le lin, le coton, l'in-	
digo, le sucre, le lin, la cire, le	
miel, les graines, le hennéh etc.	4,200,000
Douanes diverses.	31,15,600
Apaltes, sel, séné, etc.	1,094,000
A reporter.	34,871,252

Report.	34,871,252
Droit sur le riz et sur les dattiers. .	4,742,900 f.
Droit sur les étoffes et divers produits industriels.	6,186,000
Droit de succession	80,000
Droit sur les okels et bazars. . . .	120,000
Droit de karach.	160,000
Droit sur la navigation du Nil. . .	200,000
Produits de la monnaie.	700,000
Droit sur les matières d'or et d'argent.	150,000
Droit sur les bestiaux et la pêche. .	200,000
Droit sur le natron.	300,000
Droit sur les bouchers.	74,000
Droit d'entrée des grains au Caire.	144,000
Droit sur les almés, etc.	60,000
Total. . . .	47,988,152 fr.

Ainsi, le revenu de l'Égypte avait augmenté précisément de moitié entre l'année 1802 et l'an 1822. C'est principalement sur les douanes que porte l'excédant : le produit en avait presque doublé, preuve de l'accroissement notable du commerce extérieur. Mais la culture et l'industrie avaient été frappées de plusieurs droits nouveaux, en remplacement de l'impôt sur les cheykhs-el-beled, des droits affermés et du droit d'enregistrement, supprimés par le vice-roi.

En 1249 de l'hégire (1833), le revenu du trésor

est monté à environ 63 millions de francs, en ne comptant la piastre qu'à 25 centimes, et indépendamment des bénéfices faits sur la vente des marchandises, soit au dedans, soit au dehors. Les dépenses sont presque doublées, comme les revenus ; mais l'excédant annuel de ceux-ci, toujours croissant, et aujourd'hui arrivé à plus de 100,000 bourses (12 millions et demi de francs), assure au trésor de l'Égypte une prospérité de plus en plus grande. On ne voit pas en effet que la dépense de l'armée, celle de la flotte, celle des écoles militaires et civiles, celle de l'arsenal, celle du gouvernement, et enfin celles des fabriques et des pensions, puissent s'accroître beaucoup par la suite. La totalité de la dépense monte à 50 millions de francs.

Il n'y a plus qu'à porter une partie des ressources excédantes sur l'agriculture, les canaux et ouvrages d'art, les fermes-modèles, les haras et les bergeries, enfin sur quelques parties de l'administration civile. Je ne parle pas des dépenses minimes des imprimeries et établissemens littéraires : 30 à 40 mille bourses portées sur ces divers objets laisseraient encore au prince de grandes ressources, qu'il pourra, quand il le voudra, partager en deux parties, l'une pour le trésor, l'autre pour le dégrèvement de l'agriculture.

Bien plus, la totalité de l'excédant annuel, qui est de 12 à 15 millions de francs, peut accroître l'épargne du trésor, s'il veut faire planter en coton et en mûriers quelques cent milliers de feddans de plus

§ II. — *Agriculture et administration des terres.*

Quoique l'état de l'agriculture soit peu florissant, si on le compare à celui des établissemens de guerre, de marine et d'industrie, il est cependant nécessaire de traiter tout de suite de ce point important, attendu que c'est la vraie base de la prospérité de l'Égypte. L'Égypte est un pays essentiellement, et avant tout, agricole; c'est par-là qu'elle s'est élevée jadis au plus haut degré de richesse, et c'est l'agriculture qui lui a donné le moyen de porter si haut ses arts et son industrie.

Par suite de l'établissement du sultan Selim, ou plutôt de Soliman, le sol appartenait pour la plus grande partie, au prince, le reste au clergé et aux possesseurs d'*ouâqf*, et à un certain nombre de moultezims et de mamlouks propriétaires ou plutôt tenanciers. Le *fellâh*, c'est-à-dire le cultivateur, n'avait point de propriété proprement dite, puisque sa terre était grevée à perpétuité d'une taxe due à un maître, au moultezim, et qu'elle n'était transmissible qu'à de certaines conditions; qu'elle revenait au maître, s'il mourait sans héritiers.

A la mort du maître lui-même, sa terre retournait au fisc, c'est-à-dire au trésor du sultan, si l'héritier ne payait le droit de rachat.

Il n'y avait donc pas de propriété comme on

l'entend chez nous, ni pour le fellah, ni pour le moultezim.

D'un autre côté, le fellah n'était pas attaché à la glèbe, comme on l'a cru à tort : il pouvait changer de lieu, et il était libre aussi de cultiver à sa volonté : tel était encore l'état des choses en 1802.

Un système différent a été introduit, en 1808, dans l'administration territoriale. On a beaucoup blâmé le prince d'avoir annulé certains titres de propriétés. Sans doute, la violation du droit de propriété est toujours un acte de mauvaise politique ; toutefois, connaît-on bien les circonstances qui ont précédé et accompagné ce changement administratif? Le pays était en proie à tous les genres de violences. Les beys et les kachefs mamlouks exerçaient partout le despotisme le plus tyrannique. Les bédouins, chaque année, prélevaient, par le pillage, le plus dur des impôts ; grains et bestiaux étaient enlevés par le *cheykh-el-Arab* aussi régulièrement que le myri. La détresse était au comble ; les fellahs fuyaient au désert, et jusque dans les Oasis. Ici les contributions perçues étaient excessives, et là, nulles ; le fisc ne pouvait suffire aux dépenses.

Le prince essaya de plusieurs nouveaux impôts, sans succès. C'était l'époque de la révolution de sérail qui mit Mahmoud sur le trône ; le divan exigeait avec rigueur le tribut entier. Par malheur, le Nil fut mauvais ; tout annonçait une crise. Les propriétaires mamlouks, surtout, refusaient de payer l'impôt.

Enfin, il fallait pourvoir à la marine improvisée sur la mer Rouge, et obéir aux ordres du sultan, qui pressait l'expédition d'Arabie. C'est alors qu'un effendy fut chargé de la vérification de tous les titres : on abolit tous ceux qui n'étaient pas en règle, et successivement on annula la plus grande partie des titres dans les mains de ceux qui n'acquittaient pas l'impôt. D'un autre côté, une pension fut allouée aux moultezims expropriés.

Il faut savoir aussi que le trésor était frustré par la mauvaise foi d'un grand nombre de propriétaires, qui ne payaient le myri que sur la moitié du terrain effectif, ce que l'arpentage fit clairement connaître ; ils jouissaient ainsi d'un produit double de celui de terrain imposé.

Les terres d'oussiéh n'ont pas été frappées par la mesure ; mais les terres d'*ouâqf* ou terres provenant de donations pieuses ont été atteintes ; et leurs maîtres ont reçu des pensions en échange. En même temps, un grand nombre d'impôts indirects ont été supprimés, tels que le droit appelé barrani, l'impôt sur les corporations, le kouchoufyéh ou droits du lieutenant de province, le droit sur les cheykhs el-beled, qui montait à plus de deux millions.

Quoi qu'il en soit, on ne peut dissimuler que la misère pèse aujourd'hui de tout son poids sur le cultivateur : il est mal nourri, mal vêtu, à peu près comme sous les mamlouks, et comme le sont presque partout ailleurs en Orient les hommes du peuple.

courbés sous une verge bien autrement despotique.
Enfin, l'agriculture souffre des progrès mêmes du
commerce et de l'industrie. La situation du fellâh s'est
d'autant moins améliorée par le régime territorial
actuel que le service militaire a privé la culture
d'une partie des bras nécessaires. Mais, pour être
impartial, il faut reconnaître en même temps deux
faits non moins certains : l'un, que le fellâh est aujour-
d'hui à l'abri du pillage des Arabes et n'a plus affaire
qu'au fisc : il jouit d'une sécurité qu'il n'avait jamais
connue ; l'impôt est dur, mais la loi est égale pour
tous , il n'y a plus d'avanies, d'exactions arbitraires.
En second lieu, si l'individu souffre, le sol prospère ;
plusieurs cultures nouvelles sont venues l'enrichir
depuis vingt ans ; et en première ligne, le mûrier et
le coton à longue soie. Les bonnes pratiques s'éten-
dent ; les races de bestiaux s'améliorent ; un grand
haras est commencé pour près de mille chevaux, c'est-
à-dire pour un établissement de la plus forte dimen-
sion connue, et peut-être unique. Le vice-roi et son
fils se tournent avec une louable activité du côté
des institutions agricoles. On s'occupe de bergeries,
de fermes-modèles. La grande école vétérinaire d'A-
bou-Zabel est florissante, et les préjugés des indigènes
contre la médecine des animaux s'évanouissent. La
canalisation surtout, occupe la pensée du prince : on
prépare des canaux pour l'irrigation et les communications intérieures. La grande branche du Nil, appelée
canal de Joseph, qui arrose la fertile et riche pro-

vince du Fayoum dans la Haute-Égypte, est recreusée ; et les travaux du *barrage*, qui auront une si grande influence sur l'état agricole de la Basse-Égypte, sont commencés sur une grande échelle. Des instrumens d'agriculture perfectionnés sont commandés en France et vont partir avec un personnel tiré de nos établissemens. Devant des faits si éclatans, qui pourrait nier le mouvement de l'Égypte dans la voie du progrès de l'agriculture, c'est-à-dire de sa véritable prospérité. Et si la population, presque épuisée par les besoins de la guerre et deux grandes calamités, comme il n'est que trop vrai, est insuffisante pour faire avancer rapidement ce progrès agricole, ne peut-on pas augurer avec toute vraisemblance que la paix et la richesse des produits vont rendre peu à peu de l'aisance aux individus et réagiront efficacement sur la population ?

§ III. — *Industrie et commerce.*

Le progrès de l'Égypte en industrie est facile à constater. De tout temps les indigènes ont développé de l'adresse dans les ouvrages de la main ; il y a toujours eu au Caire des ateliers, où avec des moyens imparfaits on obtenait d'assez bons produits. Il serait inutile et trop long d'énumérer les fabrications de genres divers qu'on trouvait en 1800, dans la capitale et aux environs, notamment les toiles, les cuirs travaillés, les broderies sur peaux et étoffes, les nattes, le sucre, la cire, le sel ammoniac ; on en verra le tableau complet dans la *Description de l'Égypte*, ainsi que la quantité des produits qui entraient dans le commerce intérieur ou extérieur ; mais, à part les sucres, les étoffes et les poteries de la Haute-Égypte, et les toiles des pays inférieurs, tout était concentré dans une seule ville. A peine Mohammed-Aly a-t-il eu le pouvoir qu'il a tourné les yeux du côté des fabriques, et peut-être même trop exclusivement. Il a cherché à produire une foule d'objets qu'on avait jusque-là tirés de l'Europe : il a créé des filatures de coton, des fabriques à l'instar des indiennes et des toiles peintes d'Europe ; il a même tenté de faire des draps, il a eu des filatures établies à Boulac et dans la Basse-Égypte. Le coton est l'objet le plus considérable de fabrication ; mais l'éducation des vers-à-soie et les fabriques de soieries sont devenues depuis quelques années un article important. Viennent ensuite les fabriques de salpêtre raffiné et les fabriques de poudre, dirigées par des Européens : je parlerai de celle de canons et des fonderies, à l'article de l'armée.

Aujourd'hui, sans compter les indigoteries formées dans la Nubie, et même jusqu'à Sennar, l'Égypte possède une vingtaine de grandes fabriques d'indigo. L'on sait que le vice-roi a fait venir des Indiens pour améliorer cette fabrication ; les produits se sont perfectionnés, ils commencent à entrer en concurrence avec ceux de l'Inde et de l'Amérique centrale, c'est-à-dire avec les plus beaux qui existent.

En 1831, les tableaux officiels d'exportation pour l'Europe portent la valeur du coton filé à 524,062 f., et celle du coton en laine à 15,031,254 fr. Ce rapport a été le même à peu près pendant 1830 et 1832. Le chiffre total de l'exportation, pour dix-huit denrées différentes et les articles divers, a été de 41,251,443 fr. Par-là, il est aisé de voir que la *production du coton* est ce qu'il y a aujourd'hui de plus important dans l'agriculture et le commerce de l'Égypte, car il faut encore joindre à ces tableaux la consommation intérieure, qui ne laisse pas d'être considérable, le coton étant presque la seule substance textile usitée. Les toiles de lin sont exportées pour la plus grande partie; elles figurent pour 1,587,775 fr. L'indigo est compris dans les articles divers portés à 7,904,058 fr. Après le coton, ce sont les légumes secs, le riz et les gommes qui forment les articles les plus considérables ; le premier article monte à 6,444,235 fr. ; le second, à 2,215,902 fr., et le dernier à 2,194,923 fr.

C'est à Malte et aux îles Ioniennes que va la plus grande partie des céréales exportées. A Trieste, en Angleterre et en France, celle du coton ; encore à Trieste, celle de l'ivoire, de l'écaille, de l'encens, de la gomme, du safran, du tamarin et des drogues ; à Trieste ou à Livourne celle des légumes et du lin. L'exportation pour l'Autriche est ainsi la plus considérable de toutes : c'est le quart de l'exportation totale. Nous ne venons qu'après la Toscane, dont la part est de peu inférieure à celle de l'Angleterre.

Autriche. . . . . . 10,370,411 fr.
Angleterre. . . . 5,573,656
Toscane. 4,798,119
France. 4,654,787

Il faut ajouter pour l'Angleterre, le chiffre de Malte, 1,182,646 fr., et celui des îles Ioniennes, 259549 fr. Plus d'une conséquence importante pourrait être tirée de là : par exemple, le rôle que joue l'Autriche dans le commerce de l'Égypte est bien autre que celui qu'on croit communément, et le dernier rang laissé à la France est bien fait pour fixer l'attention. Mais il n'est pas moins essentiel d'étudier la part de la *Turquie* dans les exportations de l'Égypte, il en sortira des conséquences tout aussi graves. Le chiffre de la Turquie (et on y comprenait la Syrie à l'époque des tableaux) s'élève à 13,730,663 fr.; le riz seul y entre pour 1,885,035 fr., et les toiles de lin pour 1,110,315 fr.; les articles divers pour 7,074,776 fr.; les *peaux* pour les deux tiers de l'exportation totale, et l'*encens* pour plus des trois quarts. D'abord, il est évident que la Syrie, depuis la campagne de Koniah, reçoit les denrées et les marchandises dont elle a besoin, sans payer le droit de sortie ; elle a donc gagné à la paix d'Adana, et les prétendues plaintes qui nous parviennent par des bouches suspectes, ont besoin d'être éclaircies. Mais, qu'on imagine un moment un état de guerre sérieux entre l'Égypte et la Porte, comme le rêvent

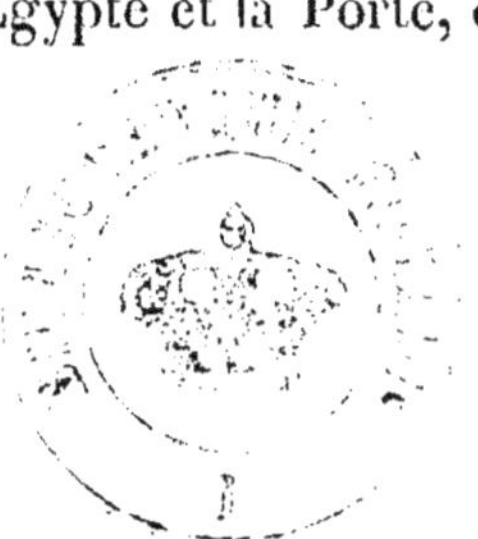

sans cesse les conseillers de Mahmoud, ennemis per-
sonnels de Mohammed - Aly, encore moins excités
peut-être par l'esprit de haine que par l'ennemi com-
mun des deux princes, de la Turquie comme de
l'Égypte. Dans cette supposition, voilà que la Turquie est obligée de tirer, à un prix bien plus haut, le
riz du Piémont, l'encens de l'Inde, et ainsi des autres
denrées. Or, si l'Égypte a à perdre dans cette hypothèse, la Turquie n'a rien à gagner. Quel serait donc
le but de cette nouvelle levée de boucliers qu'on at-
tribue tantôt au sultan, et tantôt au gouverneur
de l'Égypte, et qui ne peut tourner qu'au profit d'une
puissance, intéressée à affaiblir ce qui reste encore
de force en Orient. Quel jeu plus sûr et moins coû-
teux pour elle, que de détruire d'abord, l'un par
l'autre, les deux seuls hommes qui soutiennent l'empire du Croissant, qui représentent son opposition
aux hommes du Nord ou, si l'on veut, l'ancien cali-
fat, enfin dernier boulevard de l'Euphrate et du Nil,
de la mer Rouge et du Bosphore.

Le chiffre des importations pour la même année 1831, est monté à 39,200,477 fr. Les articles
les plus forts sont ceux du bois, du fer, et des tissus
coton, laine, et soie.

<pre>
Bois de construction,
et bois à brûler. . . . 8,336,470 fr.
Fer en barre. 2,773,805
Tissus coton. 8,153,525
</pre>

Tissus laine. 912,000
—   soie. 3,264,448

C'est encore l'Autriche qui a la plus grande part dans les importations.

Elle y entre pour 7,105,825 fr., la Toscane pour 6,661,879 fr.; l'Angleterre pour 3,172,381 fr., et la France enfin pour 2,225,544 fr., toujours la dernière! Encore faut-il ajouter au chiffre de l'Angleterre, celui de Malte, 1,334,209 fr. C'est la Turquie qui fournit le plus de bois, et même de soierie, l'Angleterre le plus de fer, la Toscane le plus de papier et de quincaillerie, la France le plus de plomb, de vins et spiritueux; l'Autriche, de draps, de tissus de lin et coton, et de verreries.

§ IV. — *Gouvernement, administration.*

Personne n'ignore que l'ancien gouvernement de l'Égypte était le plus despotique et le plus violent qui existât, sans avoir les avantages de l'unité. L'autorité du pacha, délégué du sultan, était un vain simulacre; les beys, les kâchefs, leurs lieutenans, les aghas et les agens inférieurs exerçaient arbitrairement, et sans contrôle, un pouvoir sans bornes. L'anarchie administrative où l'Égypte était plongée avant l'arrivée des Français reparut après leur départ, avec cette complication de plus, que les gouverneurs, délégués successivement par la Porte, disputant le pouvoir aux émigrés rentrés, c'est-à-dire aux mamlouks, se disputaient encore entre eux à qui saisirait le gouvernement. Voilà ce qu'on a vu pendant plus de cinq ans, sous Khosrof, Taher, Aly, Khourchyd.

C'est à cet horrible cahos que Mohammed-Aly a mis fin, en 1805 et en 1806, après une série incroyable de combats et de luttes contre tous les partis, et encore contre la partie fanatique de la nation. Tout le monde sait combien il eut à déployer de courage, à développer de prudence et d'adresse, à montrer de fermeté inébranlable pour soumettre tant d'adversaires. Aussi la Porte reconnut bien cette haute supériorité, en confirmant, au mois d'avril 1806, sur la tête du vainqueur, du pacificateur de l'Égypte, le titre de vice-roi ou gouverneur, dont le peuple et les cheykhs du Caire l'avaient investi dès l'année précédente. De ce jour, l'Égypte a commencé à respirer, à sentir sa force; car elle a pu tenir tête à une armée européenne. L'énergie d'un homme a suffi; et si l'expédition anglaise de 1807 avait paru deux ans plus tôt, avec son allié Elfy-Bey et son parti, c'en était fait de l'indépendance de l'Égypte, qui allait se joindre à la longue liste des possessions britanniques; mais les Anglais succombèrent.

Ce coup d'essai a été de bon augure pour la puissance du nouveau maître de l'Égypte, et d'une grande influence sur l'organisation militaire, et par suite sur toute l'administration du pays : c'est de là que date la réforme. Dès-lors, constituer des moyens de défense propres à préserver le pays de toute invasion, a été la pensée constante du vice-roi, sa sagacité lui a fait deviner promptement qu'il fallait sacrifier à ce besoin les préjugés de nation et de religion, emprunter franchement à l'Europe ce qu'elle a de fort, comme moyens de protection. Par-là, non pas malgré lui, mais comme à son insçu, la civilisation moderne a pénétré en Égypte, et s'est pour ainsi dire glissée partout. On ne pouvait introduire les armes de l'Europe sans attirer ceux qui les manient, ou sans envoyer chez elle des missionnaires, sans appeler au secours les deux grands principes de l'activité et de l'existence européennes, *l'ordre et le travail.*

Je reviens au changement opéré dans l'administration. Voici quel était l'état des choses vers 1820, état encore existant, éloigné, il est vrai, d'un régime régulier et bien ordonné, mais déjà bien préférable au régime de 1805.

Le chef de l'administration civile est le *kiaya-bey*, qu'on peut comparer en beaucoup de points au ministre de l'intérieur : il a sous lui beaucoup d'employés de divers ordres. Il y a un ministre de la guerre pour l'administration militaire et la direction de l'armée. La justice est administrée par le *cadi-askar*, ou grand juge, qui relevait de la Porte, et assisté par les gens de loi. La police est dirigée, le bon ordre est maintenu par le premier agha (bachi-agha), et l'ouali ; les marchés et le service des subsistances, dirigés par le mohteseb. Les contrats sont stipulés par le cadi (1). Le trésor est confié au khaznadar, et les troupes formant la garde du prince au sélikdar: ces gardes sont au nombre de 1500.

Aujourd'hui (1833), il existe une administration spéciale pour l'agriculture, à la tête de laquelle est un petit-fils du vice-roi, le fils de Toussoun - Pacha.

Comme au temps de l'armée française, le Caire est divisé en sections, avec autant de chefs placés sous les ordres du *kiaya-bey*.

Les relations extérieures sont conduites par un ministre spécial, mais celui qui exerce aujourd'hui ces fonctions est la même personne qui avait depuis long-temps la direction suprème du commerce, l'arménien Boghos-Youssouf, renommé même en Europe pour sa capacité, et la connaissance qu'il a des principaux idiomes diplomatiques.

Si l'Égypte manque encore des institutions qui caractérisent la civilisation européenne, elle n'est pourtant pas entièrement dépourvue de ces assemblées où sont accueillies les plaintes des sujets, et leurs droits discutés. Outre le grand divan du Caire ou grand conseil, où les délégués des provinces sont admis, il y a un conseil de guerre par-devant lequel sont traduits les individus prévenus de délits militaires et de fautes contre la discipline ; il existe auprès du ministre de la guerre un autre conseil auquel sont soumises

(1) Voyez le § VIII ci-dessous.

les affaires qui concernent les différentes armes. Le vice-roi communique au grand conseil les rapports que les mémours, c'est-à-dire, les préfets des départemens lui adressent. Les nazers ou inspecteurs des divers établissemens correspondent avec lui. Enfin les marchés sont soumis à ces différens conseils.

Il y a déjà six ans que j'ai été chargé de faire confectionner pour l'administration Égyptienne, des registres destinés à la comptabilité financière : ils sont faits à l'européenne, et les écritures établies à peu près comme en France, sous les ordres du khaznadar, ou trésorier des finances.

Les mémours des départemens sont sous les ordres immédiats d'un *mudir* ou gouverneur. Les quatorze provinces de l'Égypte sont aujourd'hui divisés en sept gouvernemens, deux dans la haute, un dans la moyenne, quatre dans la basse. Il y a 64 départemens; chaque département a plusieurs cantons placés sous un chef, *hakem-el-khott*.

§ V. *Canaux, voies et communications.*

L'Égypte a tellement gagné sous ce rapport, et d'une manière si évidente, qu'à peine est-il nécessaire d'insister sur les changemens qui ont eu lieu. L'expédition française avait conçu des projets très-étendus pour la canalisation ; mais on n'avait pas eu le temps de faire beaucoup plus que des projets ; avant l'arrivée de Mohammed Aly au pouvoir, l'état des choses était déplorable. Le Nil n'arrivait plus à Alexandrie ; le canal Joseph et les grandes eaux de la Basse - Égypte étaient encombrés de limon ; les chaussées des digues, les ponts et les ouvrages d'art, restés sans réparation depuis plusieurs années, étaient abandonnés à la destruction. Dès 1818, le prince a fait fermer l'immense coupure opérée dans le canal d'Alexandrie par l'armée anglaise, et il a tracé un nouveau canal : opération gigantesque, mais exécutée sans précision, et qu'il faudra refaire un jour. Un autre avantage en est résulté ; beaucoup de djermes périssaient jadis au boghâz du Nil ; le commerce d'Alexandrie se fait aujourd'hui par le canal pendant le tiers de l'année.

Il a fait planter les bords des canaux et les digues; il a fait relever les chaussées; le canal Joseph a été récemment réparé. Mais, ce qui est au-dessus de tout, c'est la sécurité avec laquelle, étrangers et nationaux, commerçans et voyageurs, naviguent sur le Nil, parcourent les canaux et les routes, et traversent le désert. Pour ceux qui savent comment les Bédouins pesaient sur l'Égypte depuis les derniers siècles, c'est là peut-être le plus étonnant des phénomènes que présente le nouvel ordre de choses, c'est aussi l'un des plus beaux titres du vice-roi à la reconnaissance du pays et de l'Europe. Au reste, le nombre des barques naviguant sur le Nil, plus que doublé depuis trente ans, prouve l'accroissement du commerce et sa sécurité.

Depuis quatre ans, trois nouveaux canaux ont été creusés dans la Basse-Égypte, c'est-à-dire dans les provinces de Gharbyéh, de Bahyréh et de Charkyéh; leur longueur est en tout de plus de cinquante de nos lieues.

Plus d'un motif a empêché et empêchera long-temps encore de pratiquer le canal de jonction entre les deux mers, canal dont toutes les études ont été faites, il y a trente-six ans, par les ingénieurs français. La difficulté matérielle (il faut en convenir) est grande, non pas de creuser le canal, mais de l'entre-tenir, mais de le protéger contre les dunes, contre les montagnes de sables mobiles. Aux obstacles physiques s'en joignent d'autres plus puissans; une telle opé-ration changerait de face les rapports de l'Inde avec l'Europe, et celle-ci est trop intéressée aux consé-quences, pour que les puissances s'accordent à cet égard. Chacune verrait d'un œil jaloux le vice-roi percer l'isthme de Suez, dans la crainte de voir le canal creusé au profit d'une nation rivale : on ne s'accorde que pour l'empêcher. Là est l'explication de l'oubli apparent où languit ce grand projet; mais en ce moment même l'Angleterre arrive au même but par une autre voie : ce n'est pas ici le lieu d'en traiter.

L'Égypte a un besoin plus pressant de compléter ses communications intérieures, toujours par le Nil. La navigation peut-être y est moins intéressée que l'irrigation; mais ces deux points, également impor-

tans pour le commerce et pour l'agriculture, peuvent
être atteints en même temps. C'est pour cette double fin que le vice-roi vient d'ordonner le barrage
du Nil à la hauteur de *Batn-el-bacarah* (le ventre
de la vache). Là est un travail aussi grand, aussi difficile que le canal des deux mers, mais bien autrement efficace pour le bien-être du pays, et qui aura
un effet direct et immédiat, en rendant tout de suite
à l'agriculture 150 à 200 mille feddans, peut-être
beaucoup plus.

Une autre communication se prépare entre les
deux mers, et l'opération est même plus avancée.
Un ingénieur anglais a été chargé d'exécuter un
chemin de fer entre Suez et le Caire. Les *rails*
sont arrivés et prêts en grande partie. Reste à savoir comment on préservera ces lignes étroites de
l'ensablement; aussi je ne pense pas que ce chemin
puisse suppléer jamais le canal des deux mers.

Pour terminer cet aperçu succinct de ce qui re-
garde les voies et communications, je rappellerai le
télégraphe qui porte à Alexandrie les nouvelles du
Caire en quatorze minutes, les voitures d'eau qui
conduisent périodiquement d'une de ces villes à
l'autre, et les puits du désert entre le Nil et la
mer Rouge (ou entre Cosseir et Kénéh), curés en
1831 par ordre du gouvernement, pour l'avantage
du commerce et des voyageurs. Je rappelle ici
qu'une tentative a été faite par un Anglais pour
faire un puits artésien dans Ouadi-el-Tyeh, mais

avec peu de succès. Aujourd'hui, il est question d'employer la méthode chinoise, plus sûre et moins dispendieuse.

§ VI. — *De l'armée de terre.*

Si le but de la *force militaire* est de défendre l'état contre l'invasion étrangère, de protéger au-dedans l'ordre et l'administration et d'assurer l'exécution des lois, on peut dire qu'au commencement de la période que j'examine, il n'y avait point de force militaire, point d'armée. Si la confusion a envahi l'ordre politique après l'établissement des Français, c'est l'anarchie et le cahos qui ont régné dans la puissance militaire. Par exemple, l'avide pacha Tâher, pour dépouiller les riches du pays, les condamnait à mort sans autre cause et sans aucune forme de procès. Il périt lui-même, assassiné par ses soldats. Quoi de plus déplorable que la lutte continuelle et sanglante des émigrés, rentrés à la suite de l'armée du grand-visir, contre les troupes impériales elles-mêmes; et la lutte non moins étrange d'une partie de ces troupes contre l'autre! Ainsi, trois partis armés se partageaient le territoire, et l'Égypte, au lieu d'être protégée par une armée, était ravagée par trois. Si l'allié *désintéressé* du grand-seigneur avait eu alors plus de résolution, un an suffisait à rétablir l'ordre; mais son but unique était de rendre aux beys, par de sourdes menées, l'autorité qu'ils avaient avant l'occupation française, pour se porter bientôt héritier universel d'un pouvoir usé. L'habileté britannique n'a pas brillé dans ces circonstances, et tant d'intrigues, tant de malheurs pour la pauvre Égypte, n'ont pas même eu leur compensation dans le succès des amis de la Porte. Subventions au profit des beys, frais énormes pour la garde de Malte, dépenses de deux armemens et d'une invasion en 1807, tout a été inutile ; et le cahos civil et militaire, que les Anglais pouvaient et devaient empêcher, n'a profité ni aux mamlouks déchus, ni à la Porte trop crédule, ni aux Anglais trop timides, ni à l'Égypte sacrifiée : quant à la France, l'Europe l'absorbait alors, et lui payait l'échec du 3o ventose.

Chacun sait que la Porte, après le départ de l'armée française, montra de la défiance pour ses alliés, et fit assassiner à leurs yeux les principaux beys Manfoukh, Bardissy, Husseyn, Osman, et six autres mamlouks non moins braves. Elfy échappa au massacre : c'était le signal de l'anarchie dont j'ai parlé, et qui dura près de six années./ A chaque pacha envoyé par la Porte, les beys opposaient, pour ainsi dire, une armée nouvelle ; les Albanais s'unirent d'abord à eux. Plus tard, on voit ces Albanais, combattant tour à tour contre les beys et contre le pacha lui-même, conduits sans doute par des ressorts secrets ; c'est l'image de la confusion qui était partout. Les Européens n'étaient pas ménagés dans cette double guerre civile. Il serait fastidieux de rappeler tant d'excès et de désordres. Il n'existait point d'armée : il n'y avait que d'effrénées soldatesques, égorgeant et pillant à l'envi, et se gorgeant d'or et de sang.

Tout changea du moment où la Porte, contrainte de ménager Mohammed-Aly, déjà signalé par des traits nombreux de vaillance et de caractère, le nomma pacha de Djeddah, sur la proposition de Khourchyd lui-même; car le parti qu'il avait dans le Caire n'attendait que ce signal pour éloigner le gouverneur et mettre Mohammed-Aly à sa place. Aussi le château tomba bientôt au pouvoir de Mohammed-Aly; vainement les beys passèrent à Khourchyd, réfugié à Alexandrie; il était trop tard, le grand-seigneur fut réduit à confirmer le choix des grands du Caire. Il est vrai qu'une intrigue étrangère fit rétablir un moment le gouvernement des beys, et que ceux-ci, forts d'un tel succès, tentèrent encore la voie des armes; mais la mort de Bardissy et surtout celle de l'Elfy achevèrent de ruiner l'espoir des Anglais, de paralyser la résistance du divan, et les inimitiés personnelles. De tout temps, la politique ottomane avait imaginé se conserver l'Égypte et empêcher les vice-rois de se déclarer indépendans, en leur opposant le pouvoir des beys; mais cette vue fausse et même odieuse n'avait jamais tourné qu'à la ruine de l'Égypte, sans donner à la Porte aucun profit. Comment, après la crise de 1798, après trois siècles d'expérience, en espérer encore quelque fruit? N'était-ce pas déjà un signe de décadence dans les conseils de ce cabinet, cédant toujours, à chaque sommation d'une puissance européenne, tantôt par peur, et tantôt par intérêt?

Vainement les Anglais voulurent appuyer cette manœuvre par une entreprise hardie, et le débarquement d'une armée. Rosette fut le terme de leur marche ; leur désastre, en présence d'un homme qui n'avait pas d'armée et qui avait à lutter contre les beys, ne peut s'expliquer que d'une façon : c'est que cette occasion pour s'emparer de l'Égypte était la dernière ; on a cru qu'il fallait la saisir à tout prix. Dès ce moment le vice-roi, vainqueur d'une armée d'Européens, sentit pour la première fois sa force ; il sentit surtout qu'il fallait constituer une armée. Le consul français Drovetti lui avait donné un puissant secours pour ce fait d'armes : c'est à lui que le prince dut aussi la pensée d'organiser ses soldats à l'européenne. Alors commença l'établissement de la discipline, qui est le nerf et le nœud de notre régime militaire. La tentative était hardie ; la réforme était immense : changer des volontaires en troupes régulières, établir des règles pour la moindre infraction , modifier le costume , supprimer le turban et retrancher la barbe; faire faire l'exercice et toutes nos manœuvres; armer la cavalerie à la légère et charger l'infanterie ; créer une artillerie volante, et tout cela sous un climat où la chaleur monte, à l'ombre, à 25 ou 3o et même 34 degrés; c'était là une entreprise que tous jugeaient folle et périlleuse, qu'un seul homme jugeait possible, mais bien plus féconde encore en résultats qu'elle n'était téméraire ; car elle portait en germe la réforme du pays et la civilisation même. Ce n'est pourtant qu'après la deuxième expédition d'Arabie que le vice-roi se crut assez fort pour introduire la tactique française. Malgré ses victoires et les hautes marques de satisfaction de la Porte, il hésitait encore à se prononcer : ni le peuple, ni les soldats, ni ses fils même n'étaient disposés à obéir, et ce n'était pas une crainte vaine de la part de Mohammed-Aly ; car le fanatisme s'allia avec l'esprit de révolte ; on en vint aux mains ; le prince fut obligé de monter au château ; le Caire fut pillé, le sang coula ; la révolte dura une semaine entière, un million fut donné pour payer le dégât, les conspirateurs furent pardonnés, et plusieurs même élevés en grade. Ainsi fut sanctionnée la grande mesure de la réforme militaire.

Voici quel était l'état de la nouvelle armée en 1820. Les indigènes y étaient encore en petit nombre. La cavalerie était composée de plus de neuf mille hommes ; l'infanterie et l'artillerie de onze mille cinq-cents environ, en tout 20,500, ainsi répartis : dans la Basse-Égypte 3,800, l'Égypte et le Caire 4,200, la Nubie 8,800, l'Arabie 2,500, et plus 1,200 artilleurs. Aujourd'hui (1833), l'état militaire est bien différent : d'après les documens officiels, l'armée compte au camp 49,000 hommes de troupes réglées et autres, dont 5,000 cavalerie régu-

lière, 35,000 infanterie régulière, et 3,000 artillerie ; dans le reste de l'Égypte 27,000 , dont 17,000
d'infanterie, 4,000 artillerie, et près de 3,000 cavalerie ; en Nubie 6,000, dont 5,000 infanterie ; en
Arabie 8,500 hommes, dont 7,000 troupes réglées ;
en Candie 5,000 infanterie ; en tout, 19,000 hommes de troupes diverses, 8,000 de cavalerie régulière et 70,000 d'infanterie réglée : dans ce nombre
sont compris les auxiliaires bédouins et autre cavalerie irrégulière pour 9,000, l'artillerie pour 6,000,
et les sapeurs pour 4,000 ; à quoi il faut joindre
pour les écoles militaires 4,000 individus environ.

Mais il s'en faut que cette énumération donne une
idée complète de l'état de l'armée de terre. Il faudrait
encore ajouter le détail des régimens de hussards,
chasseurs et cuirassiers, celui des différens régimens
d'infanterie de ligne et d'infanterie légère. En général, toutes les différentes armes connues en Europe
sont maintenant établies en Égypte, il y a aussi des
troupes de musiciens dans chaque régiment.

La politique imposée au vice-roi ne lui per-
met pas, malgré tout le fruit qu'il en pourrait
recueillir, de conférer aux indigènes les hauts grades militaires ; tous ces grades appartiennent aux
osmanlis. Jusqu'à présent, le plus élevé accordé aux
Arabes a été celui de capitaine. Le moment appro-
che, peut-être, où il aura la main forcée, ou plutôt
le droit d'oser davantage : le nombre des Turcs va
diminuant, et celui des natifs capables, en augmen-

tant. Les Arabes d'Égypte sont robustes, sobres, durs à la fatigue, intelligens et adroits, plus actifs que les Osmanlis. Que ne ferait pas le soldat égyptien s'il avait en perspective le grade de colonel ? Le vice-roi connaît le pouvoir de l'émulation , ce n'est pas lui qui négligera un tel ressort.

Telle est l'organisation qui a donné un si grand avantage , en 1832 , aux troupes égyptiennes sur les ottomanes.

L'arsenal du Caire a été commencé vers 1820; il comprend une fabrique d'armes blanches et d'armes à feu , de selleries et de fournimens en tout genre, des fonderies de canons, d'obusiers et de mortiers; on y confectionne les affûts et les caissons. Tout récemment, on a créé dans la ville une autre fabrique considérable de fusils. Les deux manufactures produisent 50 fusils par jour ; la fonderie du château 6 à 8 pièces de canon par mois, Les ouvriers sont au nombre de 2,700.

La grande fonderie de Boulac est en rapport avec celle de l'arsenal. On y coule 1,500 milliers de fer par année.

On fabrique en Égypte environ 1,500 milliers de livres de salpêtre par an, et près de 1,100 milliers de poudre dans l'île de Roudah.

§ VII. *De l'armée navale.*

A son entrée dans Alexandrie, l'armée française

trouva seulement deux caravelles en construction. On appelle ainsi des bâtimens de trente canons environ, quoique d'un échantillon supérieur à nos frégates de cinquante. La construction est tout-à-fait vicieuse et la marche détestable.

Le vieux port d'Alexandrie est vaste, spacieux, et peut admettre, quoi qu'on en ait dit, des vaisseaux du plus haut bord; la passe n'a pas moins de neuf mètres ou vingt-huit pieds; aussi devait-on songer depuis bien long-temps à établir là des chantiers de construction et un grand arsenal. Avant la dernière guerre de Morée, rien de tout cela n'existait encore. Le vice-roi fut obligé, pour obéir aux injonctions de la Porte, de mettre un embargo sur des navires de tout bord, de fréter des bâtimens européens et de les armer tant bien que mal. Ce fut l'origine des projets qu'il conçut enfin pour rendre à ce beau port tout l'éclat dont il a brillé dans l'antiquité.

Dès 1824 et 1825, le vice-roi s'occupa de faire construire des frégates en France et en Angleterre. On construisit aussi pour lui à Livourne, mais des formalités difficiles à remplir le firent renoncer à ce parti, et peu de temps après, en 1828, il eut le bonheur de trouver en France un homme doué des plus rares qualités, un ingénieur non encore connu ni apprécié de ses compatriotes. On conçoit ce que peut produire le rapprochement d'un homme de la capacité de M. de Cerisy, avec une tête supérieure, avec un souverain absolu qui lui donne toute sa confiance, qui prodigue ses trésors, pour qu'on lui crée par enchantement chantiers, arsenal, vaisseaux, flotte et armée navale. Tout ce miracle s'est opéré, et, en 1833, l'Égypte avait un arsenal de 6,000 ouvriers, un vaisseau à trois ponts de 136 canons, 4 grands vaisseaux de ligne de 100 canons, un de 84; 5 frégates de 60, une de 52; 4 corvettes de 20 à 24; 8 bricks de 14 à 20; en tout 24 bâtimens de guerre montés par 12,000 marins, à quoi il faut ajouter encore quatre grands vaisseaux de ligne en construction et plusieurs bateaux à vapeur. Telle est la force de la marine égyptienne.

On se demande, à la vérité, si cette marine a pour chefs des hommes capables de soutenir une lutte sérieuse; si elle est confiée à des mains aussi habiles, aussi expérimentées que l'arsenal et les chantiers de construction. Il ne peut entrer, sans doute, dans la pensée de personne, que cette flotte puisse tenir en présence d'une flotte européenne : mais sous le rapport même de l'instruction des marins, elle n'est pas à dédaigner. Besson-Bey, l'un de nos bons officiers de la marine royale, commande une division, et rien ne se fait sans sa participation; plusieurs vaisseaux sont sous le commandement d'officiers français et anglais; des officiers osmanlis, anciens élèves de la mission égyptienne en France, et que j'ai fait instruire à l'école navale de Brest, commandent plusieurs vaisseaux. Ces hommes ont navigué trois ans sous le pavillon français, dans l'Océan et la mer des Indes, et jusque dans la mer du Sud.

Le précédent amiral égyptien, le fameux Osman-Pacha, craignit de se mesurer, en 1832, avec la flotte ottomane; il eût pu hardiment tenter cette lutte : son hésitation est la cause première de sa perte. Tout le monde sait la catastrophe, mais on l'a faussement attribuée à des motifs puérils; le vrai est que d'éminens personnages ont accusé Osman d'avoir manqué de cœur et perdu l'occasion de signaler la marine égyptienne. Pour un homme tel qu'Osman, qui avait toute la confiance du maître, qui avait commandé en chef toute l'armée de terre et de mer, il n'y avait plus de salut, plus de refuge possible , d'autant que la paix rétablie ne lui permettait plus de réparer son honneur sur le champ de bataille ; il devait, ou résigner son poste, ou quitter l'Égypte, mais non pas la cause du vice-roi, sans doute : sa défection a malheureusement terni le souvenir de ses brillans services.

§ VIII. *De la justice.*

L'organisation complète de l'Égypte pourra seule amener une réelle amélioration dans l'administration de la justice. Dans l'article IV, j'ai déjà dit quelque chose sur ce sujet : je n'ai pas à signaler ici de grands progrès; ce n'est qu'une législation nouvelle qui introduira la réfome dans l'admi-

nistration de la justice militaire, civile ou crimi-
nelle, et le moment n'est pas venu encore, pour
le créateur du nouvel ordre de choses, de donner
un code nouveau à l'Égypte. Est-ce à l'Europe à
s'en plaindre elle qui pèse de tout son poids sur les
destinées du pays, et qui fait une loi au prince
de porter tous ses regards vers les moyens de protection? Est-ce dans des flots agités que l'on peut
jeter une digue? et comment fonder dans les eaux
du Nil, soulevé par la tempête depuis quinze années
entières? Toutefois, je ferai voir que le prince n'a
pas négligé autant qu'on le croit de s'occuper de
la justice. On a vu qu'il avait créé un conseil de
guerre; au lieu de décider souverainement, comme fait
chaque pacha dans tout l'empire turc, et le moindre
gouverneur de province, il remet les décisions au
conseil. Avoir institué ce tribunal en présence du
pouvoir absolu et de l'autorité du cadi-askar, ou
grand juge, était une grande hardiesse, non moins
qu'un noble abandon de ses prérogatives : on le sent
aisément.

Il serait superflu d'exposer ici comment, depuis
trois siècles, la justice était rendue en Égypte, d'après
le code musulman, c'est-à-dire le Coran. Les Français l'ont maintenu, respecté et laissé en vigueur, et
il a continué d'être en usage. Personne n'ignore que
chacune des quatre sectes orthodoxes a introduit dans
le code des commentaires qui font la jurisprudence
locale : on suivait au Caire celui de la secte hanafy,

comme à Constantinople, d'où venaient le grand juge et tous les autres cadis. Le seul changement introduit par les Français fut de réduire à 2 p. cent de la valeur des objets en litige, les droits de justice, qui montaient avant jusqu'à dix, et de supprimer les droits attachés à l'investiture des charges judiciaires.

Depuis, les droits ont été bien augmentés, mais vers 1820 on les a réduits à 4 p. cent. Des tribunaux spéciaux ont été institués pour le commerce, sans doute à l'imitation de la France : on peut regarder cette institution comme un bienfait. Tous les juges sont négocians, ils prononcent en dernier ressort et sans frais. Le nombre des juges au tribunal du Caire est de 16.

Pour terminer ce peu de mots sur l'administration de la justice, je citerai des décisions remarquables rendues par le vice-roi : 1° la loi pénale nouvelle veut que tous les agens de l'administration, depuis le rang le plus élevé, soient déclarés responsables, et, s'ils sont convaincus de concussion et de vexation, condamnés à la restitution et à une année de galère ; 2° l'accusateur a quinze jours pour fournir la preuve, à défaut de quoi l'accusé est libre en présentant une caution ; si le délit vient à être prouvé, la caution subit un an de la même peine.

Pour d'autres faits, qui ne peuvent avoir place dans ce coup d'œil rapide, on les trouvera dans le journal turc-arabe qui se publie au Caire, depuis l'an 1830, ainsi que les détails sur les divers points de l'administration.

§ IX. *De la population.*

L'état de la population est un des aspects les moins favorables de la question égyptienne. Au lieu d'augmenter ou de rester stationnaire, elle a été en décroissant. Sans remonter à l'époque de l'antiquité, où la population réelle pouvait aller à 6,000,000 d'ames, ni à celle des Arabes, sous lesquelles on comptait 4 millions et demi, je pars de l'expédition française. Le Caire contenait alors, d'après les calculs les plus probables, 263,700 habitans, et le reste du pays 2,225,300; en tout moins de 2 millions et demi, triste effet de la domination des mamlouks et de l'invasion ottomane.

Depuis le départ des Français, trois à quatre pestes violentes ont éclaté, à peu près de dix en dix ans, et de plus, le choléra. Ce ne serait pas évaluer trop haut que de porter à cinq cent mille le total des victimes; mais on sait qu'une grande partie des pertes causées par les épidémies comme par la mortalité annuelle, est réparée par la fécondité des femmes, et l'excès de leur nombre sur celui des hommes. Les accouchemens de jumeaux sont très-communs, et les femmes sont nubiles à douze ans. Tous ces faits ont été développés ailleurs (1).

(1) **Voy.** *Description de l'Égypte*, Mém. d'antiquités, tome II, p. 87, édition in-folio. *De la population ancienne et moderne de l'Égypte.*

Il paraît que vers 1820, à l'époque où écrivait M. Félix Mengin, l'auteur de *l'Histoire de l'Égypte sous Mohammed-Ali*, la population générale montait encore à 2 millions et demi ; son calcul est fondé sur le nombre des maisons imposées.

En 1832, la population du Caire n'avait pas diminué d'une manière notable, et les pertes avaient été comblées par l'affluence des étrangers dans la capitale, sans compter le nombre toujours croissant des Nubiens des deux sexes ; mais tout prouve que les campagnes se sont dépeuplées. Le service militaire enlève une multitude de bras, et les voyageurs assurent que le fellâh est mal nourri, mal habillé, quelquefois presque nu. Bien que le climat rende sobre, et qu'il exige peu de vêtemens, il est évident que si le nécessaire manque, les sources de la population seront appauvries.

Le choléra a enlevé en 1832 environ 150,000 habitans, et la peste en 1835, environ 180,000 : ce serait en tout plus du huitième de la population totale.

Le Caire seul a perdu par la peste 35,000 individus, ou le septième ; Alexandrie 14,000, ou le tiers.

Les diverses nations qui, avec les Arabes, habitent l'Égypte, sont les Turcs ou Osmanlis, au nombre de 30 à 40 mille ; les Mamlouks et les esclaves blancs, 8,000 ; les Coptes, 160,000 ; les Nubiens et les nègres, 11 à 12 mille ; les Arméniens, 2,000 ; les Syriens de 3 à 4,000 ; les Grecs 5,000 ; à quoi il faut joindre 1,500 individus de la même nation employés dans les jardins : enfin 3 à 4,000 juifs. Ces *proportions* sont à peu près les mêmes que celles qui existaient au temps de l'expédition française, sauf les Grecs et les Coptes ; le rapport a augmenté pour les premiers et diminué pour les autres.

On a proposé au vice-roi plusieurs plans pour augmenter la population : il serait impossible sans doute, de rendre au pays un plus grand service ; mais jusqu'à présent on n'a fourni aucun moyen efficace et pratique. Les Syriens ne peuvent être déplacés, et il en est de même des habitans de la péninsule Arabique. De long-temps l'Yemen et l'Hedjaz ne fourniront que le faible contingent qui vient annuellement s'établir sur le haut-Nil et le Nil-inférieur. Pour les Nubiens du Sennar et ceux du Kordofan, ils meurent en Égypte par milliers, faute sans doute d'une bonne hygiène. Il y aurait encore les gellàbs, c'est-à-dire les Africains de l'intérieur, qui arrivent avec les caravanes du Darfour ; mais ces hommes ne s'établiront jamais en Égypte qu'en petit nombre : leur but est le commerce, et non le changement de patrie.

Restent les Arabes nomades. Il est vrai qu'une très-grande partie des anciennes tribus voisines de l'Égypte s'y sont déjà fixées ; qu'elles y cultivent, et qu'elles sont entrées dans l'armée égyptienne. Il n'y a donc à espérer de ce côté qu'un faible accroissement. Cependant, il ne faut pas s'y tromper, c'est dans la population nomade qu'est, selon moi, la vraie source de la future population égyptienne. Constitution physique, habitudes, religion, langage, mœurs, tout chez elle est en harmonie avec le climat de l'Égypte, avec les indigènes du sol. Je ne doute pas que le vice-roi tourne bientôt ses yeux du côté des tribus de l'Occident; qu'y aurait-il de plus avantageux, et pour elles et pour l'Égypte, que de voir s'établir successivement sur les fertiles rives du Nil, toutes ces tribus qui vivent misérablement dans la Marmarique et la Cyrénaïque, ou autour des régences de Tripoli et de Tunis, ou même près de Constantine, et au pied du petit Atlas. Déjà plus d'un Algérien s'est réfugié en Égypte. La France elle-même ne pourrait que gagner au mouvement de cette partie inquiète et remuante de la population de l'Algérie, vers l'Orient.

Quoi qu'il en soit, on ne peut que s'affliger de l'état actuel des choses, et craindre même que l'Égypte ne rétrogradât vers la barbarie, si la population continuait seulement encore vingt ans de suite à décroître comme elle a fait jusqu'ici.

§ X. *De l'instruction*.

C'est par *l'instruction*, en très-grande partie, que l'Égypte devait marcher et a marché en effet, depuis dix-huit ans, vers sa régénération; c'est ce qu'a senti avec une sagacité toute particulière l'homme extraor-

dinaire qui gouverne l'Égypte ; c'est aussi la preuve
évidente qu'il a travaillé moins pour lui que pour le
pays ; car il ne devait pas espérer voir l'instruction
porter de grands fruits avant de longues années, lui,
alors âgé déjà de plus de cinquante ans, dans un
pays où la vie moyenne est moins longue qu'en
Europe ; lui, fatigué par une vie de combats et d'affaires ; lui, surtout dont l'existence était toujours me-
nacée par le fer et le poison. Son génie élevé lui a fait
saisir avidement cette pensée, que des amis de l'É-
gypte et de la civilisation lui ont suggérée de bonne
heure, savoir, qu'il fallait, sans aucun retard, se
mettre à instruire les natifs, tout en poussant ses
plans de réforme et organisant une armée. Mais était-
il suffisant de faire des établissemens européens avec
des hommes appelés à grands frais de Milan, de Paris
ou de Londres ? Non, sans doute ; car, leur but une
fois atteint, ils abandonneront leur ouvrage. Combien
d'hommes s'expatrient sérieusement et à toujours ?
un sur dix, sur vingt mille. C'est aux indigènes mêmes,
en Europe, qu'il fallait inculquer les principes des
sciences et des arts. Et comme les langues orientales
sont étrangères aux termes scientifiques, ainsi que les
pays de l'Orient le sont aux sciences elles-mêmes,
il n'y avait d'autre parti sûr à prendre que de mettre tout de suite un assez grand nombre de natifs
en possession d'une langue européenne. C'était leur
donner dans la main la clé des arts et de la science.
Par-là, seulement, ils entraient en rapport avec nos

livres, nos leçons, nos professeurs. Ils avaient un point de contact avec l'Europe, ils y prenaient en quelque sorte le droit de bourgeoisie ; l'obstacle de la religion s'affaiblissait, et la vieille barrière s'abaissait entre l'Orient et l'Occident. Si, dès 1815, ou dès la première tentative de réforme, le vice-roi avait pu envoyer, pour s'instruire ici, cent ou deux cents Égyptiens, l'œuvre de régénération et de civilisation serait bien plus avancée qu'elle ne l'est aujourd'hui. Rendons-lui grâces cependant, de tout ce qu'il a fait, au risque d'indisposer le corps des ulémas et d'ameuter les Turcs fanatiques.

Commençons par examiner ce qu'il y avait d'instruction en Égypte à l'époque de l'armée française. On s'en ferait une fausse idée si l'on jugeait par les souvenirs de l'histoire. Qu'elle était déchue de ce temps où les lettres et les sciences brillèrent sur les bords du Nil et de l'Euphrate d'un si vif éclat ! Alors il existait des colléges (*médrecé*), où s'enseignaient la médecine, la géométrie, l'astronomie, l'algèbre, l'éloquence, la jurisprudence, la grammaire, la géographie, la poésie, l'histoire, la logique, la musique. Mais à notre arrivée, le Caire seul avait dans sa grande mosquée une bibliothèque et un *médrecé*, fréquenté par très-peu de disciples, malgré le grand nombre des professeurs. Il y avait sept classes différentes, non suivant les facultés, mais suivant les espèces d'étudians. On comptait au Caire un seul poëte, en même temps chargé de faire le calendrier ! L'instruction se bornait au Coran et aux commentaires du Coran. Les petites écoles pour apprendre à lire et à écrire étaient en assez grand nombre au Caire, toutes dotées par des fondations pieuses. L'on y suivait une méthode simultanée assez bien conçue, reste d'une antique tradition : voilà tout ce qu'on peut citer.

On peut donc dire qu'en Égypte, l'instruction était dans le néant : aujourd'hui, quel changement! Dès 1818, le vice-roi envoya en Italie, en France et en Angleterre, pour s'instruire dans les sciences, *Hadji-Osman-Noureddin*, le même qui s'est fait connaître depuis sous le nom d'Osman-Pacha. D'autres jeunes gens furent expédiés en même temps en Italie. Osman réussit dans les langues et les mathématiques. Il proposa de nouveau, à son retour, un plan déjà soumis au prince depuis long-temps pour l'envoi à Paris de cinquante enfans de l'Égypte, destinés à apprendre les diverses branches des arts, des sciences et de l'administration publique. Le prince jugea le plan bon, mais prématuré; en même temps, il créa près du Caire, à Casr-el-Aïn, pour six à huit cents élèves, une grande école-pépinière pour les langues orientales, le dessin et les mathématiques, avec une bibliothèque. Les parens des élèves recevaient d'abord une indemnité. C'est là qu'il a puisé les quarante-quatre jeunes gens envoyés en France en 1826. D'année en année, jusqu'à 1833, le nombre de ces missionnaires a été porté à 104. D'autres ont été expédiés en Angleterre. Six Éthiopiens, appelés du haut Nil, ont été joints depuis à la mission.

2° Peu d'années après, se fondait l'hôpital d'Abou-Zabel, avec une école de médecine, de chirurgie, de chimie et de pharmacie. Ce grand établissement, déjà célèbre, est dù au docteur Clot-Bey; il est trop connu en Europe pour que je le décrive avec quelques détails; il n'est personne qui ne sache qu'on y reçoit 800 à 1,000 malades; qu'on y instruit 200 élèves, et qu'il y a douze chaires embrassant toutes les parties des sciences médicales; que les élèves se livrent à la dissection en dépit du préjugé turc; qu'on y enseigne le français; qu'on y possède un beau jardin de botanique et qu'on y donne aussi l'instruction primaire, avec des leçons d'histoire et de géographie.

3° Une grande école de médecine vétérinaire très-florissante y est annexée. On doit à M. Hamont ce dernier établissement, qui n'était guère moins difficile à créer que l'autre. Il achève en ce moment, comme je l'ai dit, dans la plaine de Choubra, non loin du palais, un haras pour plus de 800 chevaux.

Ces écoles d'Abou-Zabel sont, sans doute, les plus considérables que le gouvernement ait fondées en Égypte, et pour l'étendue et pour l'importance; mais un grand nombre d'autres se sont formées depuis, surtout dans ces dernières années, et depuis le retour des 40 premiers Égyptiens façonnés en France. Je me bornerai à une rapide énumération.

La plupart des élèves de ces écoles sont arabes ; les autres sont turcs ou arméniens.

4° L'école d'infanterie d'el-Khanka pour 400 jeunes gens.

5° L'école de cavalerie à Gyzeh sous le commandement du général français Varin, pour 200 élèves.

6° L'école de géométrie, de fortification et de géographie, à Salibé au Caire. Professeur M. Malus.

7° L'école d'artillerie à Roudah, dirigée par le colonel espagnol Seguera-Bey, pour 310 élèves, avec un parc d'artillerie. On y enseigne les mathématiques, le dessin, les langues (1).

8° L'école d'état-major sous la haute direction de Mouktar-Bey, ancien élève-chef de la mission égyptienne à Paris, major-général des armées, président du grand conseil (2).

9° L'école de musique, à El Khanka, pour plus de 100 élèves, destinée à fournir des musiciens aux régimens.

10° La grande école militaire, dite école polytechnique, sous la direction d'Edhém-Bey, et de Hékékin-Effendi, pour 200 élèves; école dont j'ai publié le

---

(1) On apprend que cet officier distingué a quitté récemment le service de l'Égypte.

(2) Je me propose de consacrer un écrit spécial à l'*École Égyptienne de Paris*, et de signaler les services rendus à cette mission par les savans professeurs qui ont bien voulu me seconder de leur zèle et de leurs lumières.—Un nouvel ouvrage de M. Félix Mengin paraîtra bientôt, qui fixera les idées sur les ressources de l'Égypte et donnera la suite de l'histoire du pays depuis 1822.

programme. M. Malus dirige en second les études.

11° L'école d'administration civile, dirigée par Artin-Effendi, et par Estefan-Effendi, anciens élèves de l'école égyptienne de Paris.

12° L'école de traducteurs, dirigée par le Cheykh Refah, professeur d'histoire, de géographie, de français et de littérature, élève de l'école de Paris.

13° L'école des mines dirigée par M. Lambert, ingénieur des mines de France.

14° L'école des ponts et chaussées.

15° L'école élémentaire de calligraphie turque, à la citadelle.

16° Une école de chimie appliquée à la fabrication de la poudre à Roudah.

On forme en ce moment au Caire, à Abou-Zabel et en d'autres lieux, de grandes écoles primaires qui seront dirigées d'après le mode d'enseignement mutuel. Des collections de tableaux et de modèles en tout genre viennent d'être expédiées à cet effet.

La ferme-modèle qui se prépare sera aussi, par la suite, une école d'agriculture : on y professera la botanique et ses applications.

Une multitude de collections d'instrumens de géométrie, de physique et de chimie, de modèles de cristallographie, de matière médicale, de plantes et espèces végétales propres à l'acclimatation, enfin de livres et de gravures, ont été expédiées en Égypte depuis six mois.

Le musée ordonné par le vice-roi recevra une

partie de ces modèles , et sera une source nouvelle d'instruction (1).

Il y a plusieurs bibliothèques dans le Caire , à la citadelle, à Casr-el-Aïn , et à Alexandrie.

Le journal turco-arabe est encore un moyen d'instruction : le succès de cette nouveauté montre tout ce qu'on peut tenter en Égypte.

On demande fréquemment en France des médecins et des professeurs pour les sciences médicales, pour les langues européennes , pour le dessin et les mathématiques.

Linant-Bey, officier français distingué , voyageur célèbre, dirige les travaux du barrage du Nil.

On appelle d'Angleterre des ingénieurs tels que M. Galloway, chargé du chemin de fer et autres.

Soliman-Pacha , ancien colonel français , est à la tête de l'armée après Ibrahim (2).

Des Italiens non moins capables sont employés dans les écoles et les établissemens publics.

Si on ajoute à cette longue énumération, que les progrès récens de l'industrie en Europe sont accueillis en Égypte ; que le vice-roi fait éclairer depuis long-temps son palais de Choubra au gaz hydrogène ; qu'il fait venir les machines et instrumens

(1) Voy. l'ordonnance insérée au Journal asiatique, numéro du mois de décembre 1835.

(2) Le lieutenant-général Boyer, désigné par notre illustre Belliard , fut le premier envoyé de France pour l'organisation de l'armée égyptienne, en 1823.

perfectionnés d'agriculture ; que les beaux-arts eux-mêmes commencent à pénétrer sur cette terre de l'islamisme, si long-temps hostile à la représentation de la figure humaine ; que des Turcs font faire leur buste ; que des gravures de tableaux d'histoire sont mises sous les yeux des musulmans ; qu'un graveur et un lithographe, instruits en France, exercent leur art sur les bords du Nil ; qu'une imprimerie, alimentée par un essaim de traducteurs, y a publié déjà cent-vingt ouvrages de science, d'art ou d'histoire, traduits du français et de l'italien, en turc ou en arabe ; que la populeuse ville du Caire, si riche par ses monumens, ses palais, son commerce, mais qui était encore déshonorée par des masures et des décombres, ou bien livrée à la fureur des épidémies, les eaux restant stagnantes dans ses canaux, et l'air ne circulant pas dans ses rues ; que cette grande ville, dis-je, s'assainit tous les jours davantage, par l'active et vigilante sollicitude d'un haut personnage, aujourd'hui président du grand conseil du Caire, jadis élève de la mission égyptienne en France, long-temps instruit à nos leçons, façonné à nos mœurs élégantes... ;

On sera forcé de convenir que l'Égypte est en voie d'amélioration, que l'œuvre du fondateur sera bientôt en état de braver les orages, et qu'elle pourra résister en dépit de tout.

Mais si la réforme doit être durable, et ses avantages grands pour l'Égypte, elle ne sera pas non plus sans fruit pour le pays qui y aura le plus contribué. Le nom français est en honneur sur les rives du Nil ; la langue française y est enseignée publiquement, et les Égyptiens qui ont vu la France y sont recherchés, consultés ; on se presse autour d'eux, comme on le fait ici lorsque nos voyageurs reviennent des bords du Nil.

§ XI.— *Conclusion.*

Il est regrettable d'avoir à placer des ombres à ce tableau du progrès de l'Égypte, mais c'est un devoir de signaler avec impartialité le mal à côté du bien. Sans demander avec certains politiques de faible portée, qu'une charte libérale vienne asseoir l'état de l'Égypte, on peut, on doit se flatter qu'il sortira bientôt de l'instruction croissante, des idées d'ordre, de justice, d'hiérarchie et de sage administration. Par-là, sera tempéré graduellement l'ascendant militaire, héritage de la conquête ottomane, bien plus que du dogme musulman ; car, ce qu'on appelle en Europe, quelquefois, la religion du sabre, est souvent un code de droit et de morale, plein de maximes, de sentences et de conseils, dignes des sublimes préceptes de l'Évangile, empruntés d'ailleurs (on le sait) au livre des chrétiens. Où donc serait la difficulté d'appliquer, de plus en plus, au gouvernement des musulmans, les principes de l'éternelle justice, du respect de la propriété, de la vie et de la liberté des sujets, enfin la consécration des droits que l'homme tient de la nature.

Faute d'avoir proclamé dans des institutions permanentes, quelqu'un de ces grands principes, le viceroi n'a pas encore éveillé en Europe la sympathie des publicistes et des hommes qui, faisant abstraction de la différence des lieux, des mœurs et des religions, ne veulent pas composer avec le système oriental. Pour ramener ces esprits encore hostiles à l'Égypte, il faudrait sacrifier quelque chose du pouvoir absolu, et renoncer au bénéfice de la violence et de l'arbitraire, trop souvent exercés sur la population par des agens cupides ou cruels, indignes de servir les desseins élevés du prince régénérateur.

Alors cesserait, ou s'adoucirait cette misère qui afflige les yeux du voyageur européen, la nudité qui le révolte, la détresse du fellàh, l'état de friche d'une partie du plus beau sol de la terre; l'on verrait partout reparaître la triple moisson qu'il peut apporter en un an, grâce au Nil bienfaiteur; le laboureur rentrerait dans la propriété du fruit de ses sueurs; il serait le maître de son blé, de son riz, de ses fèves, de son coton, de son dourah; l'ouvrier le serait de sa toile, de sa soie, de son sucre et de son indigo, de sa chaux, de ses cuirs, de ses nattes, de son sel ammoniac : ils les vendraient leur prix, et trouveraient l'aisance; le monopole serait remplacé par un système général d'impositions régulières, directes et indirectes, qui rapporteraient au fisc peut-être encore davantage.

Le gouvernement sentirait encore qu'il est temps

d'arrêter l'avilissement de la monnaie, qui est souvent le signal , avant-coureur de la perte de la richesse publique.

Le vice-roi a tant fait déjà pour la puissance et l'honneur de l'Égypte, pour son industrie et son commerce, pour l'instruction, pour la santé publique, pour les sciences, et même pour l'agriculture ; il a tant fait pour attacher son nom à la régénération de cette terre classique des arts, qu'il ne peut plus mettre le sceau à sa gloire qu'en complétant la réforme de l'administration, comme il a fait de tout le reste.

A présent, est-il si difficile de tirer une conséquence probable de tous les faits rassemblés dans les pages qui précèdent ? pourrait-on redouter pour l'Égypte un avenir fâcheux, quand on voit tant d'élémens de force morale et intellectuelle alliés à la puissance productive du sol le plus fécond qui existe ? Croira-t-on encore que tout ce progrès est lié à l'existence d'un seul homme , et que l'œuvre périra avec lui ?

Non, cette hypothèse n'est pas admissible ; s'il était permis de former une conjecture, on poserait la question par ce dilemme : de deux choses l'une ; ou bien l'Europe, et la Porte elle-même, reconnaissant son réel intérêt, laisseront tranquillement l'Égypte se développer , et ses destinées s'accomplir et les fils et petits-fils du vice-roi continueront paisiblement son ouvrage, s'ils ne peuvent continuer l'homme lui-même, (car le génie n'a pas d'héritiers) ;

ou bien, l'inimitié personnelle des confidens de Mahmoud contre Mohammed-Aly survivra à ce dernier, et, dans leur aveugle haine, ils frapperont l'Égypte elle-même et la puniront de son progrès, en renversant les établissemens créés pour la civilisation.

Dans ce cas, je pense encore que la barbarie ne parviendrait pas à détruire l'œuvre de la réforme, à déraciner entièrement un arbre qui a de profondes racines en terre, et déjà bien des bras. Le fanatisme seul eût pu faire rétrograder l'Égypte, qui est en marche depuis trente ans passés ; mais le fanatisme usé expire au nord-est de l'Afrique ; et puis, deux générations bientôt, ont assisté, et plus ou moins coopéré à l'œuvre. La civilisation a battu monnaie dans *les presses de Boulac;* elle continuerait de battre encore, même après la croisade turque ; elle le ferait à l'aide des Européens, intéressés à la révolution plus qu'on ne croit. Un journal arabe est devenu presque une habitude, et les livres d'instruction européenne, un besoin pour un assez grand nombre d'individus et de familles. La nation dominante en Égypte se réveille de l'apathie. Le nombre des Osmanlis diminue tous les jours ; le goût des Arabes pour les sciences, leur aptitude pour les armes, leur sagacité et leur pénétration naturelle reprennent l'essor antique. Les souvenirs du passé, l'orgueil du présent, l'espoir et la confiance dans l'avenir ont agi déjà sur un grand nombre d'esprits avancés et ardens : ils exalteront à la fin les plus timides.

D'autre part, une armée de cent cinquante mille combattans ne s'anéantit pas tout d'un coup : il restera toujours sur le sol assez de ces hommes formés au dur métier des armes sous le ciel d'Arabie et de Nubie, et dans les champs de l'Asie-Mineure, de la Syrie et de la Morée, pour faire un noyau de résistance et de lutte sérieuse contre le dur et intraitable joug des Ottomans. Leur orgueil a toujours révolté l'Égyptien asservi : que serait-ce quand le soldat égyptien, fier de ses triomphes récens, serait désarmé et traité de misérable *fellâh*? Et puisque nous sommes dans le champ des conjectures, ne voit-on pas dans un avenir lointain (mais pas si éloigné cependant), les Arabes de l'Égypte et de l'Hedjazà, se ressouvenant de leur commune origine, et s'appliquant à rejoindre par des relations amies les rives du Nil avec celles de l'Euphrate, le Caire avec Damas et Baghdad, fixer les nomades errans des déserts de Palmyre, profiter les uns et les autres du bienfait des arts et des lumières de l'Europe, rétablir une grande voie de commerce au profit de l'Orient comme de l'Occident, sans renoncer aux droits qu'ils tiennent de l'indigénat? Alors ce qu'on appelle l'empire des Arabes commencerait à naître ; l'Égypte en serait pour ainsi dire la capitale ; consacrée enfin aux yeux des puissances, comme un état respectable, elle serait la vraie porte de l'Afrique, et l'amie la plus utile de l'empire français. Jamais elle n'oublierait que la France l'a deux fois tirée de son sommeil, et arrachée à la barbarie : la première fois par la force de son épée, et la seconde, par le bienfait de l'instruction.

P. S. A l'appui des faits et des considérations qui précèdent, je pourrais produire une foule de documens authentiques : on y verrait toutes les preuves des progrès dont j'ai parlé, et beaucoup de détails que j'ai dû passer sous silence dans ce *coup d'œil* rapide ; j'aurais montré la tolérance religieuse, dont l'Égypte offre le modèle à plus d'un peuple d'Europe; les moyens d'émulation qu'a imaginés le vice-roi pour exciter le zèle des fonctionnaires, en donnant des décorations aux cheykhs de village; les nombreuses collections scientifiques et littéraires expédiées en Égypte par ses ordres dans ces dernières années, etc., etc. Ce sont des lacunes que je me propose de remplir dans un *Essai sur la régénération de l'Égypte par l'instruction,* où tous ces documens rassemblés seront mieux placés que dans un bref aperçu. C'est dans cet écrit que je saisirai l'occasion de payer un juste tribut aux personnes qui m'ont aidé dans l'accomplissement d'une œuvre qui n'était pas sans difficulté. D'un autre côté, M. Félix Mengin va faire paraître le troisième volume de son Histoire des derniers événemens de l'Égypte.

Pendant que ces feuilles sont sous presse, un ouvrage important vient de paraître : il est publié par d'habiles voyageurs, MM. de Cadalvène et de Breuvery, qui ont savamment exploré une grande partie de l'Orient. Si leur opinion et leurs conclusions diffèrent un peu des miennes, je suis loin de vouloir balancer leur autorité, encore moins d'infirmer le poids de leur témoignage. Toutefois il est permis de croire qu'il y avait autre chose à faire pour la France, en 1832, que de porter *le sujet rebelle* sur le trône des sultans, ou bien de l'anéantir. En tout cas, ce ne sera pas la destruction des forces de l'Égypte qui retardera la marche de la Russie : ce nouveau Navarin ne ferait que hâter son triomphe. Quoiqu'il en soit, bien des publicistes croient à la possibilité de deux états mahométans, assis entre l'Euphrate et l'Adriatique, comme il y a deux langues, et deux nations : unis fortement ensemble, sous les auspices de la France et de l'Angleterre, peut-être ils seraient la vraie barrière contre le géant moscovite.

Depuis la publication du firman de la Porte, sollicité par lord Ponsonby, l'on a vu à quoi se reduisait cette démonstration contre l'Égypte, dont on avait fait si grand bruit. N'en serait-il pas de même de la prétendue jonction de la flotte anglaise à celle du sultan, destinée, dit-on, à brûler la flotte égyptienne? Pour que l'Angleterre s'y associât, il faudrait d'abord que cette expédition eût quelque réalité ; tandis qu'elle n'est pas même probable dans les circonstances présentes ! La Porte arme une seconde fois à l'occasion des affaires de Tripoli, qui ne sont rien moins que terminées ; peut-être n'y a-t-il pas d'autre fondement à la nouvelle qui s'est répandue.

NOTE

SUR LA SYRIE.

Les adversaires de l'établissement égyptien ont beaucoup argumenté de la prétendue résistance de la Syrie, et prophétisé la perte prochaine de cette riche province pour le vice-roi d'Égypte. Ils ressemblent un peu à celui qui aurait scié secrètement, avec persévérance, un bel arbre, et dirait : « Vous le » voyez : il paraît fort et robuste : eh bien ! il va » tomber. » Comment veut-on, avec les intrigues continuelles des anciens pachas de Syrie, qui ont été chassés d'Alep, Damas, Acre, Tripoli, avec l'humeur guerrière des gens de la montagne, avec des peuplades presque indépendantes et aussi difficiles à contenir que les Druses, les Moutoualis, les Ansaryéh, sans parler des incursions des Kurdes; enfin, au milieu des manœuvres incessantes des émissaires du divan, que l'armée d'Ibrahim ait pu pacifier encore complètement ce pays, qui jamais ne fut complètement soumis au grand-seigneur, et qui, comme pour protester, reste en guerre avec son nouveau maître? Cependant la Syrie ne peut que gagner, et déjà elle a gagné à sa nouvelle position. Chacun des pachas et même des aghas avait là droit d'avanie, de vie et de mort, et exerçait sans frein le pouvoir arbitraire : Mohammed-Aly pacha y a mis un terme. Aucun individu, quel qu'il soit, ne peut plus frapper, piller, vexer l'habitant; l'administration est soumise aux formes suivies en Égypte, tout est soumis à l'unité.

On essaye de tracer des routes, on commence à exploiter les forêts; on inspecte le sol; on recherche les mines : ces découvertes ne sauraient enrichir l'Égypte sans servir la Syrie. « Il n'y a pas plus de « danger à présent pour visiter Palmyre que pour » aller d'Alexandrie au Caire. » (Lettre écrite d'Égypte du 31 décembre 1835, insérée au *Morning-Chronicle* du 1er février.)

Qu'y avait-il de semblable sous les précédens pachas, et depuis des sièles? A quoi donc a servi pour la Syrie la légitimité ottomane? C'est à ceux qui déchirent le traité de Koniah d'expliquer, en même temps, ce qu'ils veulent faire pour le bien de cette intéressante contrée, quand ils auront refoulé l'armée égyptienne jusques sur les bords du Nil.

Mais, tant que l'armée de Syrie sera, comme elle l'est, forte et puissante, bien nourrie et bien vêtue, soutenue par des officiers européens, assujettie à une discipline exacte et sévère; enfin, commandée par des hommes tels qu'Ibrahim et Soliman-Pacha, la Syrie n'a rien à craindre de l'invasion, ni des révoltes dont on a fait si grand bruit. Le Taurus la protège au nord, la mer à l'occident; et le désert d'El-Arych n'est pas difficile à franchir pour des Égyptiens. Au reste les dernières nouvelles présentent la Syrie comme entièrement pacifiée.

JOMARD.

Membre de l'Institut, directeur de la mission égyptienne en France.

FIN.

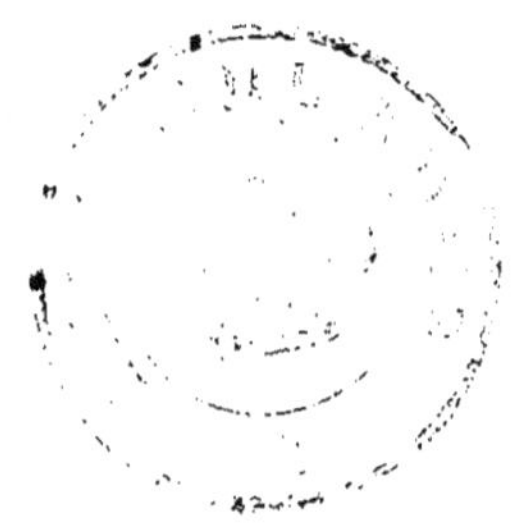